DEVOCIONÁRIO DOS SANTOS
Luís e Zélia Martin

Frei José Gregório Lopes Cavalvante Júnior, OCD | ORG

DEVOCIONÁRIO DOS SANTOS
Luís e Zélia Martin

IMPRIMATUR

+Frei Claudio Nori Sturm

+Dom Frei Claudio Nori Sturm
Bispo de Patos de Minas — MG
Patos de Minas, 19 de outubro de 2021

Preparação e revisão: Maria Suzete Casellato
Capa: Viviane Bueno Jeronimo
  Composição a partir das imagens:
  Louis Martin: https://commons.wikimedia.org/wiki/File:Louis_Martin_1.jpg
  Zélie Martin: https://commons.wikimedia.org/wiki/File:Z%C3%A9lie_Martin_1.jpg
  Quarta-capa: © joeycheung | Adobe Stock.
  Imagens do miolo gentilmente cedidas pelo Carmelo da Santíssima Trindade e do Imaculado Coração de Maria
Diagramação: Sowai Tam

Carmelo da Santíssima Trindade e do Imaculado Coração de Maria
Rua Marciano Pereira da Silva, 104 – São Francisco
38702-022 Patos de Minas, MG
T 55 34 3823 6200
E-mail: carmelitaspatosdeminas@gmail.com
Facebook: @carmelitasdepatosdeminas
Instagram: @carmelossticm

Edições Loyola Jesuítas
Rua 1822 nº 341 – Ipiranga
04216-000 São Paulo, SP
T 55 11 3385 8500/8501, 2063 4275
editorial@loyola.com.br
vendas@loyola.com.br
www.loyola.com.br

Todos os direitos reservados. Nenhuma parte desta obra pode ser reproduzida ou transmitida por qualquer forma e/ou quaisquer meios (eletrônico ou mecânico, incluindo fotocópia e gravação) ou arquivada em qualquer sistema ou banco de dados sem permissão escrita da Editora.

ISBN 978-65-5504-252-8

© EDIÇÕES LOYOLA, São Paulo, Brasil, 2023

109390

ÍNDICE

Prefácio 7

Biografia 11

Missa dos Santos Luís e Zélia Martin 15

Ofício Divino 25

Novena 61

Ladainha 77

Consagração das famílias a
São Luís e Santa Zélia 81

Nossa Gratidão 83

PREFÁCIO

Os santos e santas são uma Bíblia vivente. Com sua vida, nos permitem compreender que o rosto de Deus misericordioso se revela através da santidade.

Mas o que é a santidade?

É a vida vivida com coerência, segundo a nossa fé, a prática da Palavra de Deus, o amor — que, como luz e perfume, sal e fermento, não pode permanecer escondido: age silenciosamente na vida de cada um de nós, na Igreja, na comunidade, na família.

Todas as pastorais são necessárias, mas a mais necessária e mais urgente para recuperar os verdadeiros valores evangélicos é a Pastoral Familiar. Só famílias santas serão capazes de fazer reflorescer a vida cristã, a alegria e a paz.

A vida de um casal justo, como os pais de Santa Teresinha do Menino Jesus, nos faz compreender que a santidade no matrimônio não é só a santidade do marido ou da esposa, mas dos dois que se amam, geram filhos juntos, educam-nos juntos e vivem a fé juntos.

O Papa Francisco, através do belíssimo documento *Amoris Laetitia*, fruto do Sínodo da Família, durante o qual foram canonizados Luís Martin e Zélia Guérin, nos convida a transformar as nossas famílias em pequenas "igrejas", em que brilhe o testemunho, o diálogo, o amor e a acolhida.

Ser santos juntos.

Este pequeno devocionário, preparado com tanto amor por Frei Gregório, OCD e pelas Irmãs de Patos de Minas, seja fermento e luz para tantas famílias que querem ser na paróquia, no mundo e na Igreja um reflexo da luz de Jesus.

O Evangelho gera famílias, isto é, pessoas que creem juntas, vivem juntas e evangelizam juntas.

Se os pais forem santos, os filhos serão santos. Os filhos não são educados com belos discursos, mas com o exemplo. O livro do exemplo é mais educativo que todos os livros de pedagogia e psicologia.

Obrigado, Irmã Regina Célia e todas as Irmãs do Carmelo de Patos de Minas, por este devocionário.

Que os párocos e os responsáveis da Pastoral Familiar possam fazê-lo conhecido nas famílias e que seja fonte de espiritualidade.

Só as famílias santas irão destruir o ódio, a inimizade e a ganância, fazendo surgir a paz, a comunhão e o amor.

São Luís Martin e Santa Zélia Guérin, intercedei, do Céu, pelas nossas famílias; e que todos os pais semeiem no coração dos filhos as sementes do amor a Deus e ao próximo.

O devocionário não é um livro para ser estudado, mas sim um amigo que nos ajuda a fazer das nossas famílias um lugar de oração e de alegria.

Frei Patrício Sciadini, OCD
St. Theresa Church P.O.BOX 44
HDAYEK SHUBRA 11241
CAIRO — EGITO

BIOGRAFIA

Luís José Estanislau Martin (22/08/1823-29/07/1894), natural de Bordeaux, nasceu em uma família de militares. De temperamento contemplativo, quis ser monge na juventude, mas não foi aceito por falta de domínio do latim. Dedicou-se à mecânica de precisão, estabelecendo-se como relojoeiro/joalheiro em Alençon. Foi nessa cidade que conheceu Zélia, sua futura esposa.

Zélia Maria Guérin (23/12/1831-28/08/1877) nasceu em Saint-Denis-sur-Sarthon e recebeu uma educação tão rígida quanto profundamente cristã. Na juventude, também quis ser religiosa, mas foi aconselhada a abraçar a vocação matrimonial. Junto com Maria Luísa, sua irmã mais velha, abriu uma pequena empresa têxtil, na qual fabricavam e vendiam o famoso Ponto de Alençon. Após a entrada de Maria Luísa no mosteiro da Visitação de Caen, conheceu Luís, com quem se casou em 13/07/1858. Vítima de um câncer no seio, faleceu aos 46 anos de idade, deixando o testemunho de uma vida solidamente edificada sobre os valores do Evangelho.

Da união nasceram nove filhos, dos quais cinco (todas meninas) chegaram à idade adulta. Após a morte de Zélia, em 1877, Luís mudou-se para Lisieux, onde testemunhou a entrada das filhas na vida religiosa. Teresinha, a mais jovem, tornou-se carmelita descalça aos 15 anos e é hoje conhecida como Santa Teresinha do Menino Jesus. Também Leônia (Irmã Francisca Teresa), monja visitandina em Caen, morreu em odor de santidade. Aos 71 anos, Luís entregou sua alma ao Senhor, cercado pelo carinho dos parentes e a veneração de todos aqueles que em vida já o chamavam "o santo patriarca Martin".

"Toda a vida de Luís Martin foi orientada para o serviço de Deus e do próximo, sem fechamento em si mesmo. Suas filhas constataram nele um progresso no domínio de si mesmo e na caridade. O caráter heroico e a constância dessa atitude manifestam-se de modo particular em um tríplice terreno: a aceitação generosa das provações, especialmente a morte de seus filhos e da esposa; a aceitação da vocação religiosa de todas as filhas; a paciência e espírito de abandono na enfermidade" (Positio).

"*A fé foi o princípio que animou toda a vida de Zélia Martin. Essa fé se manifestou em todas as circunstâncias de sua vida. Porque tinha uma profunda fé, assistia todas as manhãs ao Santo Sacrifício da Missa. Era sua fé ardente que fazia com que ela desejasse filhos, sobretudo para a glória de Deus. Era ainda a sua fé que a consolava no momento da morte de seus filhos com a alegria de saber que eram eleitos do Céu. Em sua última enfermidade, vivia de fé, desejando principalmente o Céu. Sua fé se manifestava na educação dada às filhas. Irmã Maria do Sagrado Coração* [Maria Luísa Martin, sua filha primogênita] *dizia: 'Para ela, o que contava era a santificação de nossas almas; ela dizia que, diante disso, o dinheiro não era nada'*" (Positio).

"Lembra-te de que outrora sobre a terra
Tua única felicidade era nos amar.
Ouve a oração de tuas filhas,
Protege-nos, digna-te nos abençoar.
Reencontras no Alto nossa mãe querida
Que na santa Pátria precedido a ti havia.
Agora, nos Céus,
Os dois reinais.
Velai por nós!..."

Santa Teresinha — Poesia 8:
"Oração da filha de um santo!"

Luís e Zélia foram beatificados em 19/10/2008 e canonizados pelo Papa Francisco em 18/10/2015.

Missa dos Santos
LUÍS E ZÉLIA MARTIN

Festa Litúrgica — 12 de Julho

ANTÍFONA DE ENTRADA — Jr 17,7-8

Bendito o homem que espera no Senhor e põe no Senhor a sua confiança. É como a árvore plantada junto ao rio, que estende suas raízes para as águas e não teme a chegada do calor.

ORAÇÃO — COLETA

Senhor nosso Deus, nós vos agradecemos pelos santos esposos e pais Luís e Zélia Martin, a quem santificastes no caminho do matrimônio; permiti, nós vo-lo pedimos, que seu exemplo e orações nos ajudem a viver fielmente o Evangelho na vida diária. Por nosso Senhor Jesus Cristo, vosso Filho, na unidade do Espírito Santo.

PRIMEIRA LEITURA (Tb 8,4b-8) [Comum dos santos e santas — nº 7]

Leitura do Livro de Tobias

Na noite de núpcias, Tobias levantou-se do leito e disse a Sara: "Levanta-te, irmã! Oremos e imploremos a nosso Senhor que nos conceda misericórdia e salvação". Ela levantou-se, e ambos se puseram a orar e a suplicar que lhes fosse concedida a salvação. Ele começou dizendo: "Tu és bendito, ó Deus de nossos pais, e bendito é o teu nome, por todos os séculos e gerações! Que os céus e todas as tuas criaturas te bendigam por todos os séculos! Foste tu que criaste Adão, e para ele criaste Eva, sua mulher, para que lhe servisse de ajuda e apoio. De ambos teve início a geração dos homens. Tu mesmo disseste: 'Não é bom que o homem esteja só. Vamos dar-lhe uma auxiliar semelhante a ele'. Agora, Senhor, já não é por desejo impuro que eu recebo, como esposa, esta minha irmã, mas faço-o de coração sincero. Sê misericordioso comigo e com ela e concede-nos que cheguemos, juntos, a uma idade avançada". Disseram, depois, a uma só voz: "Amém! Amém!".

Palavra do Senhor.

SALMO RESPONSORIAL Sl 39(40)

R./ Felizes aqueles que têm no Senhor a sua única esperança.

Confia no Senhor e faze o bem,
e sobre a terra habitarás em segurança.
Coloca no Senhor tua alegria,
e ele dará o que pedir teu coração.

Deixa aos cuidados do Senhor o teu destino;
confia nele, e com certeza ele agirá.
Fará brilhar tua inocência como a luz,
e o teu direito, como o sol do meio-dia.

O justo tem nos lábios o que é sábio,
sua língua tem palavras de justiça;
traz a Aliança de seu Deus no coração,
e seus passos não vacilam no caminho.

A salvação dos piedosos vem de Deus;
ele os protege nos momentos de aflição.
O Senhor lhes dá ajuda e os liberta,
defende-os e protege-os contra os ímpios,
e os guarda porque nele confiaram.

SEGUNDA LEITURA (Cl 3,12-17) [Comum dos santos e santas — nº 11]

Leitura da Carta de São Paulo aos Colossenses

Irmãos: Vós sois amados por Deus, sois os seus santos eleitos. Por isso, revesti-vos de misericórdia, bondade, humildade, mansidão e paciência, suportando-vos uns aos outros e perdoando-vos mutuamente, se um tiver queixa contra o outro. Como o Senhor vos perdoou, assim perdoai vós também. Mas, sobretudo, amai-vos uns aos outros, pois o amor é o vínculo da perfeição. Que a paz de Cristo reine em vossos corações, à qual fostes chamados como membros de um só corpo. E sede agradecidos. Que a palavra de Cristo, com toda a sua riqueza, habite em vós. Ensinai e admoestai-vos uns aos outros com toda a sabedoria. Do fundo dos vossos corações, cantai a Deus salmos, hinos e cânticos espirituais em ação de graças. Tudo o que fizerdes, em palavras ou obras, seja feito em nome do Senhor Jesus Cristo. Por meio dele, dai graças a Deus, o Pai.

Palavra do Senhor.

EVANGELHO (Jo 2,1-11)

Proclamação do Evangelho de Jesus Cristo segundo João

Naquele tempo, houve um casamento em Caná da Galileia. A mãe de Jesus estava presente. Também Jesus e seus discípulos tinham sido convidados para o casamento. Como o vinho veio a faltar, a mãe de Jesus lhe disse: "Eles não têm mais vinho". Jesus respondeu-lhe: "Mulher, por que dizes isso a mim? Minha hora ainda não chegou". Sua mãe disse aos que estavam servindo: "Fazei o que ele vos disser".

Estavam seis talhas de pedra colocadas aí para a purificação que os judeus costumam fazer. Em cada uma delas cabiam mais ou menos cem litros. Jesus disse aos que estavam servindo: "Enchei as talhas de água". Encheram-nas até à boca. Jesus disse: "Agora tirai e levai ao mestre-sala". E eles levaram. O mestre-sala experimentou a água, que se tinha transformado em vinho. Ele não sabia de onde vinha, mas os que estavam servindo sabiam, pois eram eles que tinham tirado a água. O mestre-sala chamou então o noivo e lhe disse: "Todo mundo serve primeiro o vinho melhor e, quando os convidados já estão embriagados, serve o vinho menos bom. Mas tu guardaste o vinho melhor até agora!" Este foi o início dos sinais de Jesus. Ele o realizou em Caná da Galileia e manifestou a sua glória, e seus discípulos creram nele.

Palavra da salvação.

ORAÇÃO DOS FIÉIS

Elevemos nossas súplicas a Jesus na celebração dos Santos Luís e Zélia e encomendemos à sua intercessão a vida das famílias, rezando:

ESCUTAI, SENHOR, A NOSSA PRECE!

— Pela Santa Igreja, para que seja sempre a esposa fiel de Jesus Cristo, rezemos ao Senhor.

— Pelos que receberam o Sacramento do Matrimônio, para que o Espírito Santo os plenifique de suas graças e faça de sua união um sinal vivo do Amor de Jesus Cristo pela sua Igreja, rezemos ao Senhor.

— Pelos casais que Deus uniu na Santa Aliança Matrimonial, para que, a exemplo dos Santos Luís e Zélia, vivam na fidelidade, tanto nas alegrias como nos sofrimentos, na saúde ou na enfermidade, todos os dias da vida, rezemos ao Senhor.

— Pelas famílias que sofrem por causa das enfermidades, pelas que não têm o pão necessário e padecem a falta de trabalho, para que Deus, por intercessão dos Santos Luís e Zélia, as ajude, rezemos ao Senhor.

— Pelos membros de nossas famílias que morreram na esperança da ressurreição, para que Cristo os acolha em seu Reino e os revista de glória e imortalidade, rezemos ao Senhor.

ORAÇÃO

Escutai, ó Deus, as súplicas de vossa amada Esposa, a Igreja, e, por intercessão dos Santos Luís e Zélia, concedei-lhe o que humildemente vos suplica. Por Jesus Cristo Nosso Senhor.

SOBRE AS OFERENDAS

Olhai, Senhor, o sacrifício do vosso povo: ele o oferece a vós com fervor, em honra dos Santos Luís e Zélia Martin, para receber de vós a graça da salvação. Por Cristo, nosso Senhor.

PREFÁCIO [PREFÁCIO DOS SANTOS — I]

V. O Senhor esteja convosco.
R. *Ele está no meio de nós.*

V. Corações ao alto.
R. *O nosso coração está em Deus.*
V. Demos graças ao Senhor, nosso Deus.
R. *É nosso dever e salvação.*

Na verdade, é justo e necessário, é nosso dever e salvação dar-vos graças, sempre e em todo o lugar, Senhor, Pai santo, Deus eterno e todo-poderoso.

Na assembleia dos Santos, vós sois glorificado e, coroando seus méritos, exaltais vossos próprios dons.

Nos vossos Santos e Santas ofereceis um exemplo para a nossa vida, a comunhão que nos une, a intercessão que nos ajuda. Assistidos por tão grandes testemunhas possamos correr, com perseverança, no certame que nos é proposto e receber a coroa imperecível, por Cristo, Senhor nosso.

Enquanto esperamos a glória eterna, com os anjos e com todos os santos, nós vos aclamamos, cantando (dizendo) a uma só voz:

Santo, Santo, Santo...

ANTÍFONA DA COMUNHÃO — Mt 5,48

"Sede perfeitos, como vosso Pai do Céu é perfeito", diz o Senhor.

DEPOIS DA COMUNHÃO

Ó Deus Todo-poderoso, que esta Eucaristia nos traga luz e fervor, para que, a exemplo dos Santos Luís e Zélia Martin, nossos corações ardam sempre no desejo da santidade e que nossas vidas sejam gastas a fazer o bem. Por Cristo, nosso Senhor.

OFÍCIO DIVINO

COMUM DOS SANTOS HOMENS:
para vários Santos

Invitatório

ANT.: Na festa de São Luís e Santa Zélia, celebremos o Senhor.

Salmo 94(95)

— ¹Vinde, exul**te**mos de ale**gri**a no Se**nhor**, *
aclamemos o Rochedo que nos salva!
— ²Ao seu en**con**tro caminhemos com louvores, *
e com **can**tos de alegria o celebremos!
(Repete-se a Antífona)

— ³Na ver**da**de, o Senhor é o grande Deus, *
o grande **Rei**, muito maior que os deuses todos.
— ⁴Tem nas **mãos** as profundezas dos abismos, *
e as al**tu**ras das montanhas lhe pertencem;
— ⁵o mar é **de**le, pois foi ele quem o fez, *
e a terra **fir**me suas mãos a modelaram.
(Repete-se a Antífona)

— ⁶Vinde, ado**re**mos e prostremo-nos por terra, *
e ajoel**he**mos ante o Deus que nos criou!
=⁷ Porque **e**le é o nosso Deus, nosso Pastor, †
e nós **so**mos o seu povo e seu rebanho, *
as o**vel**has que conduz com sua mão.
(Repete-se a Antífona)

=⁸ Oxa**lá** ouvísseis hoje a sua voz: †
"Não fe**cheis** os corações como em Meriba, *
⁹como em **Mas**sa, no deserto, aquele dia,
— em que ou**tro**ra vossos pais me provocaram, *
ape**sar** de terem visto as minhas obras".
(Repete-se a Antífona)

=¹⁰Quarenta **a**nos desgostou-me aquela raça †
e eu **dis**se: "Eis um povo transviado, *
¹¹seu coração não conheceu os meus caminhos!"
— E por **is**so lhes jurei na minha ira: *
   "Não entra**rão** no meu repouso prometido!"
(Repete-se a Antífona)

— Glória ao Pai e ao Filho e ao Espírito Santo.*
   Como era no princípio, agora e sempre. Amém.
(Repete-se a Antífona)

OFÍCIO DAS LEITURAS

Hino

Celebremos os servos de Cristo
de fé simples e santas ações;
hoje a terra, se unindo às alturas,
faz subir seu louvor em canções.

Caminharam isentos de culpa,
puros, mansos, humildes e castos;
suas almas, partindo da terra,
livres voam e sobem aos astros.

Rejubilam no céu, protegendo
o infeliz e seu pranto enxugando,
dão aos corpos doentes saúde,
as feridas das almas curando.

Nosso canto celebra os louvores
dos fiéis servidores de Deus;
queiram eles nos dar sua ajuda
e guiar-nos também para os céus.

Ao Deus Uno beleza e poder
e louvor nas alturas convém.
Glória Àquele que rege o Universo
e o conduz por leis sábias. Amém.

Salmodia

Ant. 1 A vida ele pediu, e vós lhe destes;
de esplendor e majestade o revestistes.

Salmo 20(21),2-8.14

— ²Ó Senhor, em vossa força o rei se alegra; *
quanto exulta de alegria em vosso auxílio!
— ³O que sonhou seu coração, lhe concedestes; *
não recusastes os pedidos de seus lábios.

— ⁴Com bênção generosa o preparastes; *
de ouro puro coroastes sua fronte.
— ⁵A vida ele pediu e vós lhe destes *
longos dias, vida longa pelos séculos.

— ⁶É grande a sua glória em vosso auxílio; *
de esplendor e majestade o revestistes.
— ⁷Transformastes o seu nome numa bênção, *
e o cobristes de alegria em vossa face.

— ⁸Por isso o rei confia no Senhor, *
e por seu amor fiel não cairá.
— ¹⁴Levantai-vos com poder, ó Senhor Deus, *
e cantaremos celebrando a vossa força!

— Glória ao Pai e ao Filho e ao Espírito Santo. *
Como era no princípio, agora e sempre. Amém.

Ant. 1 A vida ele pediu, e vós lhe destes;
de esplendor e majestade o revestistes.

Ant. 2 O caminho do justo é uma luz a brilhar:
vai crescendo da aurora até o dia mais pleno.

Salmo 91(92)

I

— ²Como é bom agradecermos ao Senhor *
e cantar salmos de louvor ao Deus Altíssimo!
— ³Anunciar pela manhã vossa bondade, *
e o vosso amor fiel, a noite inteira,
— ⁴ao som da lira de dez cordas e da harpa, *
com canto acompanhado ao som da cítara.

— ⁵Pois me alegrastes, ó Senhor, com vossos feitos, *
e rejubilo de alegria em vossas obras.
— ⁶Quão imensas, ó Senhor, são vossas obras, *
quão profundos são os vossos pensamentos!

— ⁷Só o homem insensato não entende, *
só o estulto não percebe nada disso!
— ⁸Mesmo que os ímpios floresçam como a erva, *
ou prosperem igualmente os malfeitores,
— são destinados a perder-se para sempre. *
⁹Vós, porém, sois o Excelso eternamente!

Ant. 2 O caminho do justo é uma luz a brilhar:
vai crescendo da aurora até o dia mais pleno.

Ant. 3 O homem justo crescerá como a palmeira,
florirá igual ao cedro que há no Líbano.

II

=¹⁰ Eis que os vossos inimigos, ó Senhor, †
eis que os vossos inimigos vão perder-se, *
e os malfeitores serão todos dispersados.

— ¹¹Vós me destes toda a força de um touro, *
e sobre mim um óleo puro derramastes;
— ¹²triunfante posso olhar meus inimigos, *
vitorioso escuto a voz de seus gemidos.

— ¹³O justo crescerá como a palmeira, *
floriráigual ao cedro que há no Líbano;
— ¹⁴na casa do Senhor estão plantados, *
nos átrios de meu Deus florescerão.

— ¹⁵Mesmo no tempo da velhice darão frutos, *
cheios de seiva e de folhas verdejantes;
— ¹⁶e dirão: 'É justo mesmo o Senhor Deus: *
meu Rochedo, não existe nele o mal!'.

Ant. 3 O homem justo crescerá como a palmeira, florirá igual ao cedro que há no Líbano.

V. O Senhor conduz o justo em seu caminho.
R. E lhe revela os segredos do seu reino.

Primeira leitura

Da Carta de São Paulo aos Efésios 5,21-6,4

A vida cristã na família

Irmãos: sede submissos uns aos outros no temor de Cristo. As mulheres sejam submissas aos seus maridos como ao Senhor. Pois o marido é a cabeça da mulher, do mesmo modo que Cristo é a cabeça da Igreja, ele, o Salvador do seu Corpo. Mas como a Igreja é solícita por Cristo, sejam as mulheres solícitas em tudo pelos seus maridos.

Maridos, amai as vossas mulheres, como o Cristo amou a Igreja e se entregou por ela. Ele quis assim torná-la santa, purificando-a com o banho da água unida à Palavra. Ele quis apresentá-la a si mesmo esplêndida, sem mancha nem ruga nem defeito algum, mas santa e irrepreensível.

Assim é que o marido deve amar a sua mulher, como ao seu próprio corpo. Aquele que ama a sua mulher ama-se a si mesmo. Ninguém jamais odiou a sua própria carne. Ao contrário, alimenta-a a e cerca-a de cuidados, como o Cristo faz com a sua Igreja, e nós somos membros do seu corpo. Por isso, o homem deixará seu pai e sua mãe e se unirá à sua mulher, e os dois serão uma só carne. Este mistério é grande, e eu o interpreto em relação a Cristo e à Igreja. Em todo caso, cada um, no que lhe toca, deve amar a sua mulher como a si mesmo; e a mulher deve respeitar o seu marido.

Filhos, obedecei aos vossos pais, no Senhor, pois isto é que é justo. "Honra teu pai e tua mãe" — é o primeiro mandamento, que vem acompanhado de uma promessa: "a fim de que tenhas felicidade e longa vida sobre a terra".

Vós, pais, não revolteis os vossos filhos contra vós, mas, para educá-los, recorrei à disciplina e aos conselhos que vêm do Senhor.

Responsório

R. Sede, ó filhos, obedientes, no Senhor, a vossos pais, pois é justo, é um dever: * Honra teu pai e tua mãe.
V. Jesus voltou a Nazaré com Maria e José e era-lhes submisso. * Honra.

Segunda leitura

a) Da *História de uma alma*, de Santa Teresinha do Menino Jesus

[Minha querida Madre Inês de Jesus,] as lembranças que vou evocar são também as vossas, pois foi junto de vós que decorreu minha infância. Tenho a felicidade de ter os pais incomparáveis que nos cercaram com os mesmos cuidados e as mesmas ternuras. Oh! Que eles se dignem abençoar a menor de suas filhas e ajudem-na a cantar as misericórdias divinas!...

Jesus, em seu amor, queria, sem dúvida, fazer-me conhecer a incomparável mãe que me dera, mas a quem sua mão divina tinha pressa de coroar no Céu!...

Aprouve ao bom Deus cercar-me de amor durante toda a minha vida. Minhas primeiras lembranças são impregnadas de sorrisos e das mais ternas carícias!... Mas, se colocou junto de mim muito amor, Ele também o pôs em meu pequeno coração, criando-o amoroso e sensível. Por isso, amava muito papai e mamãe e testemunhava-lhes meu carinho de mil maneiras.

Ah! Como passaram rapidamente os anos ensolarados de minha infância, mas que doce impressão deixaram em minha alma! Recordo-me com alegria dos dias em que papai nos levava ao Pavilhão; os menores detalhes ficaram gravados em meu coração... Lembro-me, sobretudo, dos passeios de domingo, em que mamãe nos acompanhava...

Todos os detalhes da doença de nossa mãe querida ainda estão presentes em meu coração: lembro-me principalmente das últimas semanas que passou na terra. [...] Nossa pobre mãezinha já estava muito doente para comer os frutos da terra, devia saciar-se somente da glória de Deus, no Céu, e beber com Jesus o vinho misterioso de que fala na última ceia, dizendo que o partilhará conosco no reino de seu Pai.

A tocante cerimônia da extrema-unção de mamãe também ficou impressa em minha alma. Ainda vejo o lugar em que eu estava, ao lado de Celina; nós cinco estávamos por ordem de idade e nosso paizinho estava lá também, soluçando...

O coração tão terno de papai unira ao amor que já possuía um amor verdadeiramente maternal...

Não consigo dizer o quanto amava papai. Tudo nele me causava admiração!

Eis com que fé papai aceitou a separação de sua rainhazinha, anunciando-a nestes termos aos seus amigos de

Alençon: "Queridos amigos, Teresinha, minha rainhazinha, entrou ontem no Carmelo!... Só Deus pode exigir tal sacrifício... Não fiqueis tristes por mim, pois meu coração exulta de alegria".

Era tempo que um tão fiel servo recebesse o preço de seus trabalhos; era justo que seu salário se assemelhasse ao que Deus deu ao Rei do Céu, seu Filho único... Papai acabava de oferecer a Deus um altar; foi ele a vítima escolhida para nele ser imolada com o Cordeiro sem mancha.

[...] nosso querido pai beberia o mais amargo e o mais humilhante de todos os cálices. Ah! Naquele dia, não disse que eu poderia sofrer mais!!!... As palavras não podem traduzir nossas angústias; por isso, não vou tentar descrevê-las. Um dia, no Céu, gostaremos de falar sobre nossas gloriosas provações. Não somos já felizes por as termos sofrido?... Sim, os três anos de martírio de papai foram os mais amáveis, os mais frutuosos de toda a nossa vida. Não os trocaria por todos os êxtases e revelações dos santos; meu coração transborda de gratidão ao pensar nesse tesouro inestimável, que deve causar uma santa inveja aos anjos na corte celeste...

No dia 29 de julho do ano passado [1894], o bom Deus rompeu os laços de seu incomparável servo e chamou-o à eterna recompensa.

Responsório

R./ O amor é forte como a morte, a paixão é implacável como o abismo. Suas chamas são chamas ardentes, um fogo divino. * *Águas torrenciais não poderão apagar o amor.*

V./ Não há amor maior que dar a vida por seus amigos. * *Águas torrenciais não poderão apagar o amor.*

b) Da correspondência de Santa Zélia

[Sem ti, meu esposo Luís,] estou absolutamente como os peixes que arrancas fora da água; não estão mais em seu elemento, têm que perecer! Isso me causaria o mesmo efeito se minha estadia [aqui em Lisieux] tivesse de prolongar-se muito. Sinto-me pouco à vontade, não estou em meu estado normal, o que influencia no físico, e estou quase ficando doente. No entanto, raciocino e trato de tomar as rédeas; estou em espírito ao teu lado o dia todo; digo a mim mesma: "Ele está fazendo tal coisa neste momento".

Tarda-me muito estar perto de ti, meu querido Luís; eu te amo de todo o meu coração e sinto redobrar ainda mais minha afeição pela falta que sinto de tua presença; para mim, seria impossível viver afastada de ti.[...] Retornamos quarta-feira à noite, às sete e meia. Como me parece longo!

Sou sempre muito feliz com Luís, ele torna minha vida muito doce. É um homem santo, o meu marido, desejo um igual para todas as mulheres, eis meu desejo para elas. Não se encontraria um em cem que seja tão bom como ele.

Estou tão feliz hoje, ao pensar que vou te ver, meu querido Luís, que não consigo trabalhar. Oh! Não me arrependo de ter me casado. Se o bom Deus me desse a graça de poder amamentar, seria uma alegria. Amo as crianças até à loucura, nasci para tê-las, mas logo chegará o tempo em que isso vai acabar. Eu preferiria morrer a separar-me de meus filhos.

Completarei quarenta e um anos, é a idade em que se é avó! É um trabalho tão doce ocupar-se de seus filhos pequenos! Se tivesse somente isso para fazer, acho que seria a mais feliz das mulheres. Mas é necessário que seu pai e eu trabalhemos para ganhar um dote, senão, quando crescerem, não ficariam contentes conosco!

Eu também queria ser uma santa, mas não sei por onde começar; há tanto a ser feito que me limito ao desejo. Durante o dia, digo muitas vezes: "Meu Deus, como gostaria de ser uma santa!" Depois, não faço as obras de uma santa! Mas faz muito tempo que estou empenhada nisso... É preciso, minhas filhinhas, que eu vá às Vésperas, para rezar na intenção de nossos caros parentes falecidos. Virá o dia em que ireis às Vésperas por mim, mas é preciso que eu faça de modo a não ter tanta necessidade de vossas orações. Quero tornar-me uma santa, não será fácil, há muita coisa para ser queimada e a madeira é dura como uma pedra.

Melhor seria ter começado mais cedo, quando era menos difícil, mas, enfim, "antes tarde do que nunca".

Rezarei à Santíssima Virgem pelas meninas que ela me deu, para que todas sejam santas e para que eu as acompanhe de perto, mas elas têm de ser bem melhores que eu. Vivi uma vida difícil, custar-me-ia muito recomeçar, acredito que me faltaria coragem. E só então poderia respirar, estou vendo o sinal de largada, como se me dissessem: "Fizeste bastante, vem repousar". Mas não, não fiz o bastante, essas crianças não estão criadas. Ah, se não fosse isso, a morte não me causaria medo.

É muito triste morrer dormindo; quanto a mim, prefiro estar desperta e ver a morte chegar. Enfim, o bom Deus me dá a graça de não ter medo [da morte]; estou muito tranquila, acho-me quase feliz, não trocaria minha sorte por nenhuma outra. Se o bom Deus quiser me curar, ficarei muito contente, pois, no fundo, desejo viver; custa-me deixar meu marido e minhas filhas. Mas, por outro lado, penso: "Se não for curada, é porque talvez será mais útil para eles que eu me vá... Enquanto isso, farei o possível para obter um milagre; estou contando com a peregrinação a Lourdes; mas, se não for curada, ainda assim farei o esforço de cantar na volta".

A Santíssima Virgem não me curou em Lourdes. O que quereis? Meu tempo acabou e o bom Deus quer que eu descanse em outro lugar, fora desta terra. Fez-se tudo o que se devia fazer, deixemos o resto nas mãos da Providência.[...] Se não estou curada, é porque o bom Deus deverá estar fazendo muita questão de ter-me com Ele... Sou como as crianças que não se preocupam com o futuro, espero sempre a felicidade.

Responsório

> **R./** Alegrai-vos, buscai a perfeição, encorajai-vos, vivei unidos, vivei em paz. * *Cantai ao Senhor e celebrai-o de todo o coração.*
>
> **V./** O que quer que fizerdes, fazei-o de bom coração, como para o Senhor e não para agradar os homens. * *Cantai ao Senhor.*

HINO *TE DEUM* (A VÓS, Ó DEUS, LOUVAMOS)

A vós, ó Deus, louvamos,
a vós, Senhor, cantamos.
A vós, Eterno Pai,
adora toda a terra.

A vós cantam os anjos,
os céus e seus poderes:
Sois Santo, Santo, Santo,
Senhor, Deus do universo!

Proclamam céus e terra
a vossa imensa glória.
A vós celebra o coro
glorioso dos Apóstolos,

Vos louva dos Profetas
a nobre multidão
e o luminoso exército
dos vossos santos Mártires.

A vós por toda a terra
proclama a Santa Igreja,
ó Pai onipotente,
de imensa majestade,

E adora juntamente
o vosso Filho único,
Deus vivo e verdadeiro,
e ao vosso Santo Espírito.
Ó Cristo, Rei da glória,
do Pai eterno Filho,
nascestes duma Virgem,
a fim de nos salvar.

Sofrendo vós a morte,
da morte triunfastes,
abrindo aos que têm fé
dos céus o reino eterno.

Sentastes à direita
de Deus, do Pai na glória.
Nós cremos que de novo
vireis como juiz.

Portanto, vos pedimos:
salvai os vossos servos,
que vós, Senhor, remistes
com sangue precioso.

Fazei-nos ser contados,
Senhor, vos suplicamos,
em meio a vossos santos
na vossa eterna glória.

Salvai o vosso povo.
Senhor, abençoai-o.
Regei-nos e guardai-nos
até a vida eterna.

Senhor, em cada dia,
fiéis, vos bendizemos,
louvamos vosso nome
agora e pelos séculos.

Dignai-vos, neste dia,
guardar-nos do pecado.
Senhor, tende piedade
de nós, que a vós clamamos.

Que desça sobre nós,
Senhor, a vossa graça,
porque em vós pusemos
a nossa confiança.

Fazei que eu, para sempre,
não seja envergonhado:
Em vós, Senhor, confio,
sois vós minha esperança!

ORAÇÃO

Senhor nosso Deus, nós vos agradecemos pelos santos esposos e pais Luís e Zélia Martin, a quem santificastes no caminho do matrimônio; permiti, nós vo-lo pedimos, que seu exemplo e orações nos ajudem a viver fielmente o Evangelho na vida diária. Por nosso Senhor Jesus Cristo, vosso Filho, na unidade do Espírito Santo.

INTRODUÇÃO

V. Vinde, ó Deus, em meu auxílio.
R. Socorrei-me sem demora.
Glória ao Pai e ao Filho e ao Espírito Santo.
Como era no princípio, agora e sempre. Amém. Aleluia.

LAUDES

Hino

Ó fiéis seguidores de Cristo,
a alegria da glória feliz,
como prêmio do vosso martírio,
para sempre no céu possuís.

Escutai, com ouvidos benignos,
os louvores que a vós entoamos.
Nós, ainda exilados da Pátria,
vossa glória, num hino, cantamos.

Pelo amor de Jesus impelidos,
dura cruz sobre os ombros levastes.
Pressurosos, ardentes de amor
e submissos, a fé preservastes.

Desprezastes o ardil do demônio
e os enganos do mundo também.
Testemunhas de Cristo na vida,
Vós subistes dos astros além.

E agora, na glória celeste,
sede atentos à voz da oração
dos que querem seguir vossos passos
e vos clamam com seu coração.

Glória seja à Divina Trindade
para que nos conduza também
pela ajuda e as preces dos mártires
às moradas celestes. Amém.

Ant. 1 O Senhor lhe deu a glória
e, em seu Reino, um grande nome.

Salmo 62(63),2-9

²Sois vós, ó Senhor, o meu Deus!*
Desde a aurora ansioso vos busco!
= A minh'alma tem sede de vós,+
minha carne também vos deseja,*
como terra sedenta e sem água!

³Venho, assim, contemplar-vos no templo,*
para ver vossa glória e poder.
⁴Vosso amor vale mais do que a vida:*
e por isso meus lábios vos louvam.

⁵Quero, pois, vos louvar pela vida,*
e elevar para vós minhas mãos!
⁶A minh'alma será saciada,*
como em grande banquete de festa;
cantará a alegria em meus lábios,*
ao cantar para vós meu louvor!

⁷Penso em vós no meu leito, de noite,*
nas vigílias suspiro por vós!
⁸Para mim fostes sempre um socorro;*
de vossas asas à sombra eu exulto!
⁹Minha alma se agarra em vós;*
com poder vossa mão me sustenta.

Glória ao Pai e ao Filho e ao Espírito Santo.
Como era no princípio, agora e sempre. Amém.

Ant. 1 O Senhor lhe deu a glória
e, em seu Reino, um grande nome.

Ant. 2 Vós, servos do Senhor, bendizei-o para sempre!

Cântico Dn 3,57-88.56
Louvor das criaturas ao Senhor

— ⁵⁷Obras do Senhor, bendizei o Senhor,*
louvai-o e exaltai-o pelos séculos sem fim!
— ⁵⁸Céus do Senhor, bendizei o Senhor!
⁵⁹Anjos do Senhor, bendizei o Senhor!

(**R.** Louvai-o e exaltai-o pelos séculos sem fim!
Ou
R. A ele glória e louvor eternamente)

— ⁶⁰Águas do alto céu, bendizei o Senhor!*
⁶¹Potências do Senhor, bendizei o Senhor!
— ⁶²Lua e sol, bendizei o Senhor!*
⁶³Astros e estrelas bendizei o Senhor!
(R.)
— ⁶⁴Chuvas e orvalhos, bendizei o Senhor!*
⁶⁵Brisas e ventos, bendizei o Senhor!
— ⁶⁶Fogo e calor, bendizei o Senhor!*
⁶⁷Frio e ardor, bendizei o Senhor!
(R.)
— ⁶⁸Orvalhos e garoas, bendizei o Senhor!*
⁶⁹Geada e frio, bendizei o Senhor!
— ⁷⁰Gelos e neves, bendizei o Senhor!*
⁷¹Noites e dias, bendizei o Senhor!
(R.)
— ⁷²Luzes e trevas, bendizei o Senhor!*
⁷³Raios e nuvens, bendizei o Senhor!
— ⁷⁴Ilhas e terra, bendizei o Senhor!*
Louvai-o e exaltai-o pelos séculos sem fim!
(R.)
— ⁷⁵Montes e colinas, bendizei o Senhor!*
⁷⁶Plantas da terra, bendizei o Senhor!
— ⁷⁷Mares e rios, bendizei o Senhor!*
⁷⁸Fontes e nascentes, bendizei o Senhor!
(R.)

— ⁷⁹Baleias e peixes, bendizei o Senhor!*
⁸⁰Pássaros do céu, bendizei o Senhor!
— ⁸¹Feras e rebanhos, bendizei o Senhor!*
⁸²Filhos dos homens, bendizei o Senhor!
(R.)
— ⁸³Filhos de Israel, bendizei o Senhor!*
Louvai-o e exaltai-o pelos séculos sem fim!
— ⁸⁴Sacerdotes do Senhor, bendizei o Senhor!*
⁸⁵Servos do Senhor, bendizei o Senhor!
(R.)
— ⁸⁶Almas dos justos, bendizei o Senhor!*
⁸⁷Santos e humildes, bendizei o Senhor!
— ⁸⁸Jovens Misael, Ananias e Azarias, *
louvai-o e exaltai-o pelos séculos sem fim!
(R.)
— Ao Pai e ao Filho e ao Espírito Santo*
louvemos e exaltemos pelos séculos sem fim!
— ⁵⁶Bendito sois, Senhor, no firmamento dos céus!*
Sois digno de louvor e de glória eternamente!
(R.)

No fim deste cântico não se diz Glória ao Pai

Ant. 2 Vós, servos do Senhor, bendizei-o para sempre!

Ant. 3 Exultem os fiéis em sua glória,
e cantando se levantem de seus leitos.

Salmo 149

¹Cantai ao Senhor Deus um canto novo,*
e o seu louvor na assembleia dos fiéis!
²Alegre-se Israel em quem o fez,*
e Sião se rejubile no seu Rei!
³Com danças glorifiquem o seu nome,*
toquem harpa e tambor em sua honra!

⁴Porque, de fato, o Senhor ama seu povo*
e coroa com vitória os seus humildes.
⁵Exultem os fiéis por sua glória,*
e cantando se levantem de seus leitos,
⁶com louvores do Senhor em sua boca*
e espadas de dois gumes em sua mão,

⁷para exercer sua vingança entre as nações,*
e infligir o seu castigo entre os povos,
⁸colocando nas algemas os seus reis,*
e seus nobres entre ferros e correntes,
⁹para aplicar-lhes a sentença já escrita:*
eis a glória para todos os seus santos.

Glória ao Pai e ao Filho e ao Espírito Santo.
Como era no princípio, agora e sempre. Amém.

Ant. 3 Exultem os fiéis em sua glória,
e cantando se levantem de seus leitos.

Leitura Breve   Rm 12,1-2

Pela misericórdia de Deus, eu vos exorto, irmãos, a vos oferecerdes em sacrifício vivo, santo e agradável a Deus: este é o vosso culto espiritual. Não vos conformeis com o mundo, mas transformai-vos, renovando vossa maneira de pensar e de julgar, para que possais distinguir o que é da vontade de Deus, isto é, o que é bom, o que lhe agrada, o que é perfeito.

Responsório Breve

R. Os justos se alegram
na presença do Senhor. R. Os justos.
V. Rejubilam satisfeitos, e exultam de alegria.
Na presença. Glória ao Pai. R. Os justos.

Cântico Evangélico, ant.

Felizes aqueles que buscam a paz!
Felizes os puros em seu coração,
porque eles verão o seu Deus face a face.

Benedictus — Lc 1,68-79

— Bendito seja o Senhor Deus de Israel, *
porque a seu povo visitou e libertou;

— e fez surgir um poderoso Salvador *
   na casa de Davi, seu servidor,

— como falara pela boca de seus santos, *
   os profetas desde os tempos mais antigos,
— para salvar-nos do poder dos inimigos *
   e da mão de todos quantos nos odeiam.

— Assim mostrou misericórdia a nossos pais, *
   recordando a sua santa Aliança
— e o juramento a Abraão, o nosso pai, *
   de conceder-nos que, libertos do inimigo,
= a ele nós sirvamos sem temor †
em santidade e em justiça diante dele, *
enquanto perdurarem nossos dias.
= Serás profeta do Altíssimo, ó menino, †
pois irás andando à frente do Senhor *
para aplainar e preparar os seus caminhos,

— anunciando ao seu povo a salvação, *
   que está na remissão de seus pecados,

— pela bondade e compaixão de nosso Deus, *
   que sobre nós fará brilhar o Sol nascente,

— para iluminar a quantos jazem entre as trevas *
   e na sombra da morte estão sentados
— e para dirigir os nossos passos, *
   guiando-os no caminho da paz.

— Glória ao Pai e ao Filho e ao Espírito Santo. *
Como era no princípio, agora e sempre. Amém.

Cântico Evangélico, ant.

Felizes aqueles que buscam a paz!
Felizes os puros em seu coração,
porque eles verão o seu Deus face a face.

Preces

Glorifiquemos, irmãos e irmãs, a Cristo, nosso Deus, pedindo-lhe que nos ensine a servi-lo em santidade e justiça diante dele enquanto perdurarem nossos dias; e aclamemos:

R. Senhor, só vós sois santo!

Senhor Jesus, que quisestes ser igual a nós em tudo, menos no pecado,
— tende piedade.

Senhor Jesus, que nos chamastes à perfeição da caridade,
— santificai-nos sempre mais.

Senhor Jesus, que nos mandastes ser sal da terra e luz do mundo
— iluminai a nossa vida.

Senhor Jesus, que viestes ao mundo para servir e não para ser servido,

— ensinai-nos a vos servir humildemente em nossos irmãos e irmãs.

Senhor Jesus, esplendor da Glória do Pai e perfeita imagem do ser divino,

— dai-nos contemplar a vossa face na glória eterna.

(intenções livres)

Pai nosso...

Oração

Senhor nosso Deus, nós vos agradecemos pelos santos esposos e pais Luís e Zélia Martin, a quem santificastes no caminho do matrimônio; permiti, nós vo-lo pedimos, que seu exemplo e orações nos ajudem a viver fielmente o Evangelho na vida diária. Por nosso Senhor Jesus Cristo, vosso Filho, na unidade do Espírito Santo.

VÉSPERAS

Hino

Celebremos os servos de Cristo
de fé simples e santas ações;

hoje a terra, se unindo às alturas,
faz subir seu louvor em canções.

Caminharam isentos de culpa,
puros, mansos, humildes e castos;
suas almas, partindo da terra,
livres voam e sobem aos astros.

Rejubilam no céu, protegendo
o infeliz e seu pranto enxugando,
dão aos corpos doentes saúde,
as feridas das almas curando.

Nosso canto celebre os louvores
dos fiéis servidores de Deus;
queiram eles nos dar sua ajuda
e guiar-nos também para os céus.

Ao Deus Uno beleza e poder
e louvor nas alturas convém.
Glória Àquele que rege o Universo
e o conduz por leis sábias. Amém.

Salmodia

Ant. 1 Superou as provações e triunfou:
Glória eterna seja a ele tributada.

Salmo 14(15)

— ¹‹Senhor, quem morará em vossa casa *
e em vosso Monte santo habitará?'

— ²É aquele que caminha sem pecado *
e pratica a justiça fielmente;
— que pensa a verdade no seu íntimo *
³e não solta em calúnias sua língua;

— que em nada prejudica o seu irmão, *
nem cobre de insultos seu vizinho;
— ⁴que não dá valor algum ao homem ímpio, *
mas honra os que respeitam o Senhor;

— que sustenta o que jurou, mesmo com dano; *
⁵não empresta o seu dinheiro com usura,
— nem se deixa subornar contra o inocente. *
Jamais vacilará quem vive assim!

— Glória ao Pai e ao Filho e ao Espírito Santo. *
Como era no princípio, agora e sempre. Amém.

Ant. 1 Superou as provações e triunfou: Glória eterna seja a ele tributada.

Ant. 2 Deus manifesta em seus santos sua graça e seu amor, e protege os seus eleitos.

Salmo 111(112)

¹Feliz o homem que respeita o Senhor *
e que ama com carinho a sua lei!
²Sua descendência será forte sobre a terra, *
abençoada a geração dos homens retos!

³Haverá glória e riqueza em sua casa, *
e permanece para sempre o bem que fez.
⁴Ele é correto, generoso e compassivo, *
como luz brilha nas trevas para os justos.

⁵Feliz o homem caridoso e prestativo, *
que resolve seus negócios com justiça.
⁶Porque jamais vacilará o homem reto, *
sua lembrança permanece eternamente!

⁷Ele não teme receber notícias más: *
confiando em Deus, seu coração está seguro.
⁸Seu coração está tranquilo e nada teme, *
e confusos há de ver seus inimigos.

=⁹Ele reparte com os pobres os seus bens, †
permanece para sempre o bem que fez, *
e crescerão a sua glória e seu poder.

=¹⁰O ímpio, vendo isto, se enfurece, †
range os dentes e de inveja se consome; *
mas os desejos do malvado dão em nada.

Glória ao Pai e ao Filho e ao Espírito Santo. *
Como era no princípio, agora e sempre. Amém.

Ant. 2 Deus manifesta em seus santos sua graça e seu amor, e protege os seus eleitos.

Ant. 3 Os santos cantavam um cântico novo
Àquele que está em seu trono e ao Cordeiro;
na terra inteira ressoavam suas vozes.

Cântico Ap 15,3-4

³Como são grandes e admiráveis vossas obras, *
ó Senhor e nosso Deus onipotente!
Vossos caminhos são verdade, são justiça, *
ó Rei dos povos todos do universo!

(**R.** *São grandes vossas obras, ó Senhor!*)

=⁴Quem, Senhor, não haveria de temer-vos, †
e quem não honraria o vosso nome? *
Pois somente vós, Senhor, é que sois santo!
(**R.**)
= As nações todas hão de vir perante vós, †
e prostradas haverão de adorar-vos, *
pois vossas justas decisões são manifestas!
(**R.**)

Glória ao Pai e ao Filho e ao Espírito Santo. *
Como era no princípio, agora e sempre. Amém.

Ant. 3 Os santos cantavam um cântico novo
Àquele que está em seu trono, e ao Cordeiro;
na terra inteira ressoavam suas vozes.

Leitura Breve   Rm 8,28-30

Sabemos que tudo contribui para o bem daqueles que amam a Deus, daqueles que são chamados para a salvação, de acordo com o projeto de Deus. Pois aqueles que Deus contemplou com seu amor desde sempre, a esses ele predestinou a serem conformes à imagem de seu Filho, para que este seja o primogênito numa multidão de irmãos. E aqueles que Deus predestinou, também os chamou. E aos que chamou, também os tornou justos; e aos que tornou justos, também os glorificou.

Responsório Breve

R. É justo o nosso Deus, * *Ele ama a justiça*. **R.** É justo.

V. Quem tem reto coração há de ver a sua face. * *Ele ama*. Glória ao Pai. **R.** É justo.

Cântico Evangélico

Fiéis até à morte,
Receberam do Senhor a coroa da justiça.

⁴⁶A minha alma engrandece ao Senhor *
⁴⁷e se alegrou o meu espírito em Deus, meu Salvador;
⁴⁸pois ele viu a pequenez de sua serva, *
desde agora as gerações hão de chamar-me de bendita.

⁴⁹O Poderoso fez por mim maravilhas *
e Santo é o seu nome!
⁵⁰Seu amor, de geração em geração, *
chega a todos que o respeitam;

⁵¹demonstrou o poder de seu braço, *
dispersou os orgulhosos;
⁵²derrubou os poderosos de seus tronos *
e os humildes exaltou;

⁵³De bens saciou os famintos, *
e despediu, sem nada, os ricos.
⁵⁴Acolheu Israel, seu servidor, *
fiel ao seu amor,

⁵⁵como havia prometido aos nossos pais, *
em favor de Abraão e de seus filhos, para sempre.

Glória ao Pai e ao Filho e ao Espírito Santo. *
Como era no princípio, agora e sempre. Amém.

Cântico Evangélico

Fiéis até à morte,
Receberam do Senhor a coroa da justiça.

Preces

Peçamos a Deus Pai, fonte de toda a santidade, que pela intercessão e exemplo dos santos nos conduza a uma vida mais perfeita; e digamos:

R. *Fazei-nos santos, porque Vós sois santo!*

Pai Santo, que nos destes a graça de nos chamarmos e sermos realmente vossos filhos,
— fazei que a santa Igreja proclame as vossas maravilhas por toda a terra.

Pai Santo, inspirai os vossos servos a viver dignamente, segundo a vossa vontade,
— e ajudai-nos a dar abundantes frutos de boas obras.

Pai Santo, que nos reconciliastes convosco por meio de Cristo,
— conservai-nos na unidade por amor de vosso nome.

Pai Santo, que nos convidastes para tomar parte no banquete celeste,

— pela comunhão do pão descido do céu, dai-nos alcançar a perfeição da caridade.

(intenções livres)

Pai Santo, perdoai as faltas de todos os pecadores,
— e acolhei na luz da vossa face todos os que morreram.

Pai-nosso...

Oração

Senhor nosso Deus, nós vos agradecemos pelos santos esposos e pais Luís e Zélia Martin, a quem santificastes no caminho do matrimônio; permiti, nós vo-lo pedimos, que seu exemplo e orações nos ajudem a viver fielmente o Evangelho na vida diária. Por nosso Senhor Jesus Cristo, vosso Filho, na unidade do Espírito Santo.

NOVENA

1º dia
A oração

Jesus estava orando em certo lugar. Quando terminou, um de seus discípulos pediu-lhe: "Senhor, ensina-nos a orar, como também João ensinou a seus discípulos". (Lc 11,1)

Meditação

A oração ocupa um lugar importante na vida dos santos Luís e Zélia; pessoal ou em família, ela marca profundamente os seus filhos. Santa Teresinha do Menino Jesus testemunha que, quando era "rainhazinha", sozinha ao lado de seu "Rei" (o pai), bastava "olhar para ele para saber como rezam os santos". Celina recorda: "Quando comungava, ele permanecia silencioso no caminho de volta. 'Continuo a entreter-me com Nosso Senhor', dizia-nos".

Luís e Zélia têm uma grande confiança em Deus e entregam tudo a Ele na oração. Santa Zélia escreve em uma de suas cartas: "Quando penso no que o bom Deus, em quem coloquei toda a minha confiança e nas mãos de quem entreguei o cuidado dos meus negócios, fez por mim e por meu marido, não posso duvidar que sua divina Providência vela com atenção particular por seus filhos".

Resolução

Hoje acharei um tempo para encontrar Deus na oração e entregar-Lhe minhas dores e alegrias.

Pai-nosso/Ave-Maria/Glória

"Meu Deus, eu vos dou meu coração; tomai-o, por favor, para que nenhuma criatura possa possuí-lo, mas somente Vós, meu Bom Jesus" *(oração ensinada por Santa Zélia às suas filhas).*

2º dia
A vida familiar

Deixai as crianças virem a mim e não as impeçais, pois o Reino de Deus pertence aos que a elas se assemelham. (Mc 10,14)

Meditação

O lar dos Martins conheceu todas as alegrias e tribulações de uma vida familiar normal. Com seus nove filhos, dos quais quatro mortos ainda crianças, Luís e Zélia tiveram um duro trabalho a assumir para que cada um deles pudesse desenvolver seus dons da natureza e da graça. Empenharam-se nessa missão com um espírito de criatividade e fé, que os fazia olhar sempre mais além.

Tudo se realiza na confiança e no amor, mas não sem humor: "Prometi às crianças que festejaríamos Santa Catarina — escreve Santa Zélia. Maria quer rosquinhas; as outras, bolos; outras querem castanhas; eu queria paz!".

"As noites em família, tão alegres, são ao mesmo tempo ocasião para um complemento da instrução religiosa. Muitas vezes, nossos pais nos recordavam as coisas da eternidade" — recorda Maria, a filha mais velha.

O pai está "sempre disponível para escutar as filhas, aconselhá-las, receber suas palavras em um coração cheio de Deus".

Quando aparecem as dificuldades, estas são levadas à oração, como, por exemplo, em relação à educação de Leônia: "Tenho uma dor profunda por ver Leônia como ela está — escrevia a mãe; às vezes, tenho esperança, mas frequentemente perco a coragem". "Só o bom Deus pode mudá-la, e tenho a convicção de que Ele o fará".

Resolução

Hoje rezarei por minha família.

Pai-nosso/Ave-Maria/Glória

"Meu Deus, eu vos dou meu coração; tomai-o, por favor, para que nenhuma criatura possa possuí-lo, mas somente Vós, meu Bom Jesus" (*oração ensinada por Santa Zélia às suas filhas*).

3º dia
A prática religiosa

Bem cedo, antes do amanhecer, Jesus saiu e foi a um lugar deserto e ali ficou em oração. (Mc 1,35)

Meditação

Os santos Luís e Zélia, "na manhã de dias muito simples, na maioria das vezes às cinco e meia, vão juntos à igreja. Ambos são fiéis à Comunhão da primeira sexta-feira do mês". De acordo com os costumes do tempo, comungam quatro a cinco vezes por semana, confessando-se regularmente. Eles também participam das atividades da paróquia, como a adoração ao Santíssimo, as Vésperas do domingo, procissões, conferências de quaresma… Luís e Zélia têm uma grande devoção aos santos, como Zélia conta quando Teresinha, ainda bebê, corre risco de vida: "Subi rapidamente para o meu quarto, ajoelhei-me aos pés de São José e pedi-lhe que curasse a menina, resignando-me à vontade de Deus, se Ele quisesse levá-la Consigo. Não choro mais com tanta frequência, mas chorava ao rezar. Não sabia se devia descer… finalmente me decidi. E o que vejo? A criança estava mamando".

Resolução

Hoje farei um exame de consciência e lamentarei profundamente todas as minhas faltas de amor para com Deus e o próximo.

Pai-nosso/Ave-Maria/Glória

"Meu Deus, eu vos dou meu coração; tomai-o, por favor, para que nenhuma criatura possa possuí-lo, mas somente Vós, meu Bom Jesus" *(oração ensinada por Santa Zélia às suas filhas).*

4º dia
O dever de estado

"Somos simples servos: fizemos o que devíamos fazer". (Lc 17,10)

Meditação

Luís e Zélia são chefes de empresa que gerenciam seu negócio com sucesso, independentemente um do outro e, mais tarde, juntos. O que eles fazem, fazem bem. Diz-se, por exemplo, de Luís Martin que ele faz questão "de vender apenas objetos de boa qualidade e fazer tudo e verificar tudo pessoalmente". Ele repreende "com severidade toda indolência quando a encontra", de acordo com o testemunho de sua própria filha.

Mesmo quando o trabalho parece esmagá-los, eles sabem tirar partido disso para aprofundar sua união com Deus. Santa Zélia escreve: "É esse bendito Ponto de Alençon que torna minha vida dura: quando tenho muitas encomendas, sou uma escrava da pior escravidão... Quando as coisas não vão bem, tenho pesadelos. Enfim, o que fazer? É preciso resignar-se e tomar partido disso o mais bravamente possível". Ela diz: "Deus, que é um bom Pai, nunca dá às suas criaturas mais do que elas podem suportar".

Luís e Zélia não trabalham no domingo, apesar do lucro que poderiam ganhar, principalmente na época. Para eles, o trabalho não é um meio de enriquecimento. "Sinto — dizia São Luís Martin — que facilmente tomaria gosto em minhas movimentações financeiras; mas não quero me deixar levar por isso, é um caminho perigoso."

Do mesmo modo, Santa Zélia confessa à cunhada: "Não é o desejo de amontoar uma maior fortuna que me move... devo ir até o fim por minhas filhas e vejo-me embaraçada, tendo operárias a quem dar trabalho". "O dinheiro não é nada quando se trata da santificação e perfeição de uma alma".

Resolução

Hoje cumprirei meu dever por amor a Deus e pelo bem dos outros.

Pai-nosso/Ave-Maria/Glória

"Meu Deus, eu vos dou meu coração; tomai-o, por favor, para que nenhuma criatura possa possuí-lo, mas somente Vós, meu Bom Jesus" (*oração ensinada por Santa Zélia às suas filhas*).

5º dia
A caridade

"Eu vos dou um novo mandamento: amai-vos uns aos outros. Como eu vos amei, vós também deveis amar-vos uns aos outros".
(Jo 13,34)

Meditação

O casal Martin é consciente de seus deveres para com o próximo, e a simplicidade de sua vida torna Luís e Zélia atentos às necessidades dos outros. Celina conta: "Se em casa reinava a economia, era a prodigalidade, quando se tratava de socorrer os pobres. Íamos atrás deles, nós os procurávamos, nós os obrigávamos a entrar em nossa casa, onde eram cumulados de coisas, abastecidos, vestidos, exortados ao bem. Ainda vejo minha mãe preocupada. Eu tinha sete anos, mas me lembro como se fosse hoje. Estávamos passeando no campo quando, no caminho, encontramos um pobre idoso que parecia desolado. Minha mãe mandou Teresinha dar-lhe uma esmola. O senhor pareceu tão agradecido que mamãe começou a conversar com ele. Então minha mãe lhe disse que nos seguisse e voltamos para casa. Ela lhe preparou um bom jantar, ele estava morrendo de fome, e lhe deu roupas e um par de calçados... E convidou-o a voltar à nossa casa quando precisasse de alguma coisa".

Se uma de suas operárias fica doente, Santa Zélia vai visitá-la no domingo, não hesitando em prover às suas necessidades mais urgentes, como fez com a empregada Luísa: "Aconteceu-lhe de ficar durante três semanas, noite e dia, na cabeceira de Luísa, que tinha terríveis crises reumáticas nas articulações, não querendo mandá-la ao hospital de modo algum".

Quando São Luís Martin "conhece no bairro doentes cuja conversão é urgente, encontramos ecos de seu ardor quando os visita e pede a toda a família que reze para que eles decidam receber os últimos sacramentos". Sua esposa "o acompanha do melhor modo que pode nessa tarefa".

Resolução

Hoje farei o bem a alguém: com um sorriso, um telefonema, uma visita ou uma esmola.

Pai-nosso/Ave-Maria/Glória

"Meu Deus, eu vos dou meu coração; tomai-o, por favor, para que nenhuma criatura possa possuí-lo, mas somente Vós, meu Bom Jesus" (*oração ensinada por Santa Zélia às suas filhas*).

6º dia
A misericórdia

Sede misericordiosos, como vosso Pai do Céu é misericordioso.
(Lc 6,36)

Meditação

Os santos Luís e Zélia, conscientes de sua fraqueza, deixaram-se transformar pela Misericórdia de Deus e procuraram vivê-la no cotidiano. Celina conta: "Em sua velhice, Maria, nossa irmã mais velha, ainda recordava com dor, até mesmo com lágrimas, os suspiros de nossa mãe ao constatar os desgastes feitos à sua renda, desgastes que, ao preço de noites mal dormidas e fadigas, ela reparava, sem fazer-lhe nenhuma reprovação".

"A exemplo de meu pai, ela praticava igualmente a benevolência do julgamento, não se permitindo falar mal do próximo, sendo mesmo delicada e escrupulosa a esse respeito, e recriminava-se, às vezes, com muita humildade, os pequenos traços de personalidade que sua vivacidade encontrava facilmente."

Zélia fala sobre o assunto: "Eu, que tive a vileza de zombar da senhora Y, arrependo-me infinitamente disso. Não sei por que não tenho simpatia por ela, ela só me fez bem e me prestou serviços... Por isso, quero converter-me de todo o coração e já comecei, pois faz algum tempo que aproveito todas as oportunidades para falar bem dessa senhora".

Resolução

Hoje me esforçarei para não falar mal dos outros e, se eles tiverem feito algum mal a mim, pedirei ao Senhor a graça de perdoá-los.

Pai-nosso/Ave-Maria/Glória

"Meu Deus, eu vos dou meu coração; tomai-o, por favor, para que nenhuma criatura possa possuí-lo, mas somente Vós, meu Bom Jesus" *(oração ensinada por Santa Zélia às suas filhas)*.

7º dia
As provações

Se alguém quiser vir após mim, renuncie a si mesmo, tome a sua cruz e siga-me. (Mt 16,24)

Meditação

O santo casal foi tocado por uma multidão de provações na educação das filhas, pela enfermidade e o luto... Santa Zélia conta à cunhada: "Estais vendo, minha querida irmã, que há provações para todo mundo; os mais felizes são somente os menos infelizes: o mais sábio e o mais simples, em tudo isso, é resignar-se à vontade de Deus e preparar-se antecipadamente para carregar sua cruz o mais corajosamente possível". Em outra carta, acrescenta: "O melhor é entregar todas as coisas nas mãos de Deus e esperar os acontecimentos na calma e no abandono à Sua vontade. É o que vou me esforçar por fazer".

São Luís revela às filhas que fez a seguinte oração agradecendo todas as graças e benefícios recebidos: "'Meu Deus, é demais! Sim, sou muito feliz, não é possível ir ao Céu desse jeito, quero sofrer alguma coisa por vós! E ofereci-me...' A palavra 'vítima' expirou em seus lábios, ele não ousou pronunciá-la diante de nós, mas tínhamos entendido".

Santa Zélia também se ofereceu inteiramente a Deus, particularmente por ocasião de sua longa agonia: "Se fosse preciso somente o sacrifício de minha vida para que Leônia se torne uma santa, eu o faria de bom coração".

Resolução

Hoje oferecerei meu dia com tudo que nele acontecer, com confiança e abandono à vontade de Deus.

Pai-nosso/Ave-Maria/Glória

"Meu Deus, eu vos dou meu coração; tomai-o, por favor, para que nenhuma criatura possa possuí-lo, mas somente Vós, meu Bom Jesus" *(oração ensinada por Santa Zélia às suas filhas).*

8º dia
A Virgem Maria

Jesus, vendo sua Mãe e, ao lado dela, o discípulo que Ele amava, disse à Mãe: "Mulher, eis teu Filho". E ao discípulo: "Eis tua Mãe". A partir daquela hora, o discípulo tomou-a consigo. (Jo 19,26-27)

Meditação

Luís e Zélia têm uma grande devoção à Santíssima Virgem. Uma estátua da Imaculada Conceição preside a vida da casa; é junto a esta que a família se encontra para rezar. Santa Zélia encoraja seu irmão a também recorrer à Virgem Maria: "Tu moras perto de Nossa Senhora das Vitórias. Pois bem! Entra ali só uma vez por dia, para rezar uma Ave-Maria à Santíssima Virgem. Verás que Ela te protegerá de uma maneira toda especial e fará com que tenhas êxito neste mundo para, em seguida, dar-te uma eternidade feliz. O que te digo aqui não é, de minha parte, uma piedade exagerada e sem fundamento; tenho motivo para ter confiança em Nossa Senhora, recebi dela favores que só eu conheço".

Todos os anos, Zélia vai em peregrinação à basílica da Imaculada Conceição de Sées e consagra-se a Maria: "Este ano, irei encontrar mais uma vez a Santíssima Virgem de manhã cedinho; acenderei minha vela, como de costume..., pedirei a Ela somente que aquelas que Ela me deu [suas filhas] sejam todas santas e que eu as acompanhe de perto, mas é necessário que elas sejam bem melhores que eu". Ao final de sua vida, como testemunha a filha Maria, Santa Zélia "não deixa seu terço, reza sempre, apesar dos sofrimentos... Há quinze dias, ela ainda rezava seu terço inteiro de joelhos aos pés da Virgem Santa..."

Resolução

Hoje me unirei de modo particular a Nossa Senhora; rezarei uma dezena do terço e me entregarei totalmente e para sempre à Mãe do Céu.

Pai-nosso/Ave-Maria/Glória

"Meu Deus, eu vos dou meu coração; tomai-o, por favor, para que nenhuma criatura possa possuí-lo, mas somente Vós, meu Bom Jesus" *(oração ensinada por Santa Zélia às suas filhas)*.

9º dia
O desejo do Céu

Nossa cidade se encontra nos Céus, donde esperamos como Salvador o Senhor Jesus Cristo, que transformará nossos pobres corpos à imagem de seu corpo glorioso. (Fl 3,20-21)

Meditação

O casal Martin sempre desejou ir para o Céu. Cada instante de suas vidas é orientado para esse fim último. Santa Teresinha fala do Céu, "para o qual tendiam todas as suas ações e desejos". É também sua regra de ouro na educação das filhas, como Zélia dá testemunho em uma de suas cartas:

"Depois que tivemos nossos filhos, vivíamos somente para eles, eram toda a nossa felicidade... por isso, desejaria ter muitos, para educá-los para o Céu".

São Luís Martin disse um dia a duas de suas filhas: "Sim, tenho uma meta e minha meta é amar a Deus de todo o meu coração".

Santa Zélia expressa muitas vezes o desejo de ser santa, de ir para o Céu: "Meu espírito não habita mais a terra, ele viaja em esferas mais elevadas". "A verdadeira felicidade não está neste mundo: perdemos tempo buscando-a aqui. A terra não é nossa verdadeira pátria."

Resolução

Hoje oferecerei meu passado e viverei meu presente na confiança e na esperança, como um meio de atingir a meta de minha vida, que é entrar no Céu.

Pai-nosso/ Ave-Maria/ Glória

"Meu Deus, eu vos dou meu coração; tomai-o, por favor, para que nenhuma criatura possa possuí-lo, mas somente Vós, meu Bom Jesus" (*oração ensinada por Santa Zélia às suas filhas*).

LADAINHA

Senhor, *tende piedade de nós.*
Jesus Cristo, *tende piedade de nós.*
Senhor, *tende piedade de nós.*

Cristo, *ouvi-nos.*
Cristo, *atendei-nos.*

Pai do Céu, que sois Deus, *tende piedade de nós.*
Filho, Redentor do mundo, que sois Deus,
tende piedade de nós.
Espírito Santo, que sois Deus,
tende piedade de nós.
Trindade Santa, que sois um só Deus,
tende piedade de nós.

Santa Maria, Mãe de Deus, *rogai por nós.*
Santos Luís e Zélia Martin, *rogai por nós.*
Pai e mãe de Santa Teresinha do Menino Jesus, *rogai por nós.*
Vós que colocastes vossa fé e esperança no Senhor, *rogai por nós.*
Vós que vivestes vossa união na fidelidade, *rogai por nós.*
Vós que gerastes numerosos filhos, *rogai por nós.*
Vós que educastes vossos filhos na fé, *rogai por nós.*
Vós que desejastes a santidade para vós e vossos filhos, *rogai por nós.*
Vós que consagrastes vossos filhos ao Senhor, *rogai por nós.*
Vós que perdestes filhos ainda crianças, *rogai por nós.*
Vós que trabalhastes com vossas próprias mãos, *rogai por nós.*
Vós que praticastes uma ardente caridade, *rogai por nós.*
Vós que hauristes forças na Eucaristia diária, *rogai por nós.*

Vós que rezastes fielmente todos os dias, *rogai por nós*.
Vós que partilhastes o anseio missionário da Igreja, *rogai por nós*.
Vós que sempre vos entregastes à Santíssima Virgem, *rogai por nós*.
Vós que conhecestes o sofrimento e a enfermidade, *rogai por nós*.
Vós que contemplais no Céu a Face adorável do Senhor, *rogai por nós*.

Cordeiro de Deus, que tirais o pecado do mundo, *perdoai-nos, Senhor*.
Cordeiro de Deus, que tirais o pecado do mundo, *ouvi-nos, Senhor*.
Cordeiro de Deus, que tirais o pecado do mundo, *tende piedade de nós*.

V. Rogai por nós, Santos Luís e Zélia Martin.
R. Para que sejamos dignos das promessas de Cristo.

Oremos

Deus de eterno amor, Vós nos concedestes no casal Luís e Zélia Martin um exemplo de santidade vivida no matrimônio: eles guardaram a fé e a esperança em meio aos deveres e dificuldades da vida; educaram seus filhos para que fossem santos. Que sua oração e exemplo sustentem as famílias em sua vida cristã e nos ajudem a caminhar em direção à santidade. Por Jesus Cristo, vosso Filho e nosso Senhor, que convosco vive e reina na unidade do Espírito Santo. Amém.

Consagração das famílias a
SÃO LUÍS E SANTA ZÉLIA*

Senhor Deus, Amor Misericordioso
que não vos deixais vencer em generosidade,
fostes o *"primeiro servido"*
no lar de São Luís e Santa Zélia Martin.
Por sua intercessão, consagramos a Vós
as nossas famílias, para que estas sejam
escolas de vida evangélica
onde os pais, fiéis à sua vocação

e sob o olhar materno da Virgem Maria,
sejam imagens vivas da vossa ternura,
eduquem seus filhos na fé, apontem-lhes
o caminho do Céu e nunca se cansem de dar
testemunho do vosso amor.
Por Nosso Senhor Jesus Cristo, Vosso Filho,
que no Espírito Santo vive
em eterna comunhão convosco.
Amém.

** Autoria:
Frei José Gregório Lopes Cavalcante Júnior, OCD.*

NOSSA GRATIDÃO

ao querido Frei Gregório, OCD, por sua generosidade em nos ceder este Devocionário, tão bem elaborado, como um meio, não só divulgar os queridos Santos Luís e Zélia Martin, mas também como uma ajuda na construção de nosso Carmelo. Que o Bom Deus o recompense e o faça sempre mais fiel.

Também nossa Gratidão ao Frei Patrício, sempre tão presente em nossa vida, e ao Pe. Eliomar Ribeiro, SJ e a Edições Loyola, que tão prontamente providenciaram esta edição do Devocionário.

E a todos que colaborarem com a aquisição deste Devocionário e, portanto, com a construção de nosso Carmelo, o nosso mais sincero

Deus lhes pague!
Suas Irmãs Carmelitas de Patos de Minas, MG

Edições Loyola

editoração impressão acabamento

Rua 1822 nº 341 – Ipiranga
04216-000 São Paulo, SP
T 55 11 3385 8500/8501, 2063 4275
www.loyola.com.br